Юзу Алешковскому

посвящаю

Художник

Владимир Цеслер

Андрей Макаревич

Неволшебные сказки

РИПОЛ
КЛАССИК

Москва, 2013

А. Макаревич

◆

СКАЗКА
про деревянную палочку

Знаете, как называется завод, где делают всякого рода палочки? Палочковый завод! Нет, конечно, в каких-нибудь серьёзных документах он числится как «Деревообрабатывающий комбинат номер такой-то дробь такой-то по изготовлению палок и палочек для нужд населения», но кто же так говорит? Так вот, дело было на палочковом заводе.

Подпил (Подруб)

Плоскость спиливания

ПРОХОД ПРОЕЗД ЗАПРЕЩЕНЫ ВАЛКА ЛЕСА

300 240 300 2080

Пп. 15(3), 50. Перед началом работ обозначь предупреждающими и запрещающими знаками рабочую зону!

7.3. ОСНОВНЫЕ СИСТЕМЫ ЛЕСОСЕЧНЫХ МАШИН

Индекс системы	Марка и тип машины	Число машин в комплекте	Средняя производительность, м³/смена	Индекс системы	Марка машины	Число машин в комплекте	Средняя производительность, м³/смена
Л1М	Бензопила	1	50	Л1К	Бензопила	1	75
	ТДТ-55	1			ТТ-4	1	
Л2М	Бензопила	1	65	Л2К	Бензопила	2	80
	ТБ-1	1			ЛП-18А	1	
Л3М	ЛП-17	2	150	Л3К	ЛП-18 (ЛТ-49)	1	200
	ЛТ-157	1			ЛП-18Л (ЛТ-157) (ЛТ-154)		
	ЛП-30Б	1			ЛП-33	1	
Л4М1	ЛП-17	2	200	Л4К1	ВМ-4А	2	200
	ЛП-30Б	1			ЛП-33	1	
						1	
Л4М2	ЛП-17	1	100	Л4К2	ВМ-4А	2	200
	ТБ-1	1			ЛП-18А	2	
	ЛП-30Б	1			ЛП-33	1	

Примечание. М — для мелких насаждений: до 0,4 м³; К — для крупных насаждений: более 0,4 м³.

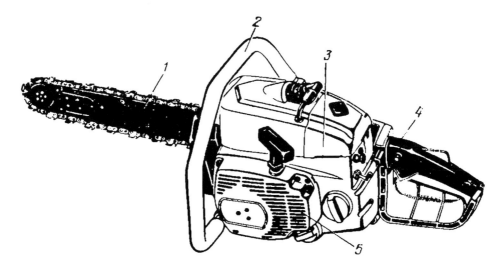

Рис. 4.8. Бензопила «Тайга-214»:

1 — пильный аппарат; *2, 4* — передняя и задняя рукоятки; *3* — двигатель; *5* — стартер

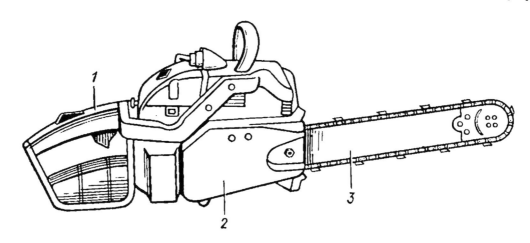

Рис. 4.10. Бензопила «Крона-202»:

1 — рукоятка управления; *2* — двигатель; *3* — пильная шина

Множество палок и палочек собралось на складе готовой продукции. Все они были новенькие, пахнущие кто свежим деревом, кто лаком, и всем им не терпелось познакомиться друг с другом.

«Мы – палочки для еды! – кричали палочки для еды. – Мы всегда вдвоём – одна и другая! Нас повезут в китайский ресторан! А может быть, даже в японский!»

«А мы – барабанные палочки! – кричали барабанные палочки. – Нас тоже всегда две – для правой и для левой руки! Нами будут выбивать дробь по тугой барабанной коже, под эту дробь станут маршировать роты, поднимать знамена и расстреливать врагов!» – «А нас вообще сто штук! – кричали счётные палочки. – Мы будем учить детей считать! Да, мы маленькие, одинаковые и по отдельности никому не нужные, зато вместе делаем важное общее дело!»

И только одна палочка молчала.

Именно потому, что была одна. Сначала она даже думала, что произошла какая-то ошибка и вот сейчас принесут и положат рядом вторую такую же, и сразу станет ясно, для чего их произвели на свет, но ничего такого не происходило. Тогда палочка внимательно осмотрела себя и пришла к выводу, что выглядит она довольно неважно – тоненькая, хлипкая, некрашеная. Что такой можно делать?

Кому она такая нужна?

сосна

берёза

дуб

бук

вишня

груша

граб

липа

ель

кедр

карельская берёза

пальма

клён

ольха

лиственица

ясень

орех

тополь

красное дерево

слива

«Простите, – еле слышно обратилась палочка к палочкам
для еды. – Вы, случайно, не знаете, зачем я?» –
«Вы? А почему вы, собственно, одна?» – вытаращились на неё
палочки для еды.
«Не знаю», – ещё тише ответила палочка.
«Впрочем, будь вас даже две – ваше назначение непонятно.
Для еды вы тонковаты и, извините, недостаточно празднично
выглядите. Вы, очевидно, ошибка производства!» – постановили
палочки для еды и дружно отвернулись.

А потом палочку
положили в узкую
чёрную коробочку.
Внутри коробочка
была покрыта
малиновым бархатом
и очень напоминала
палочкин гроб.
«Вот и жизнь прошла», –
успела подумать палочка,
и наступила
темнота.

И вот однажды
коробочка вдруг открылась,
и...

… **палочка** ощутила себя в чьей-то руке и взлетела вверх.
Огромное пространство было залито ярким светом,
и до самого горизонта (так ей показалось) перед палочкой
громоздились музыкальные инструменты. Но не это было
самое удивительное. Самое удивительное – что вдруг
наступила тишина. Полная тишина. И палочка увидела,
что все смотрят на неё и ждут её команды.
А потом палочка опустилась вниз, снова взлетела вверх,
и началось волшебство! Ударили литавры, грянули золотые
тромбоны и валторны, заговорили контрабасы.
Палочка шла вправо – и послушно начинали петь скрипки,
им вторили альты и виолончели; она летела влево –
и взрывался, рассыпался хрустальными брызгами рояль;
она опускалась вниз – и музыка стихала до шёпота,
до еле слышного шелеста; она начинала свой путь вверх –
и оркестр набирал силу, дышал глубже, и мелодия вновь
росла, заполняя зал, и никто – никто! – не отрывал
от палочки напряжённых и влюблённых глаз.

А потом палочке
долго аплодировали,
а она кланялась
и смущённо оглядывалась
на оркестр:
«Это не я, это всё они!» –
«Нет-нет, это ты!» –
улыбались ей инструменты.
А потом палочка
ехала куда-то
во внутреннем кармане
фрака дирижёра
и всё никак не могла
успокоиться –
счастье не уходило,
не покидало её.
Да, это было
настоящее счастье.
Выходит,
не всё на свете делается сообща.
Бывает и в одиночку.

Андрей Макаревич

Шампанское

2014

№ 005776

Не только люди обожают спорить
о достоинствах вин.
Сами вина спорят
о собственных достоинствах
с ещё большей охотой.
Особенно если это выдержанные,
дорогие,
или, как сейчас принято говорить,
элитные вина.
Того и гляди, какое-нибудь
«Шато Ла Тур»
сцепится с каким-нибудь
«Масетто».
Понятное дело –
самомнение растёт с возрастом,
а иногда и опережает его.
Поэтому к столу под каждое вино
подают отдельный бокал – не дай бог!
Бывали случаи, вина устраивали скандал
даже внутри выпившего их человека,
но мы сейчас не об этом.
Если вина разного сорта оказались
в одном погребе
или на одном складе, поверьте,
скучно не будет.

ESTABLISHED 1882
MÉTHODE CHAMPENOISE
KORBEL
CALIFORNIA CHAMPAGNE
Brut

CHAMPAGNE
DELAMOTTE
Le Mesnil sur Oger depuis 1760
ROSÉ

JENN'S
40TH BIRTHDAY
Champagne Soirée
CALIFORNIA
2011

CHAMPAGNE
EST. ★ 1987
PAMELA CLOSE
*You are the best Mum
in the world. We love you.*

| 12% VOL. | BRUT | 75 CL. |

ÉLABORÉ PAR LES ASSOCIÉS D'ALLIANCE
CHAMPAGNE, REIMS, FRANCE
BOTTLE No. 1234567890

CHAMPAGNE
Cuvée Privilège
BERTRAND-DELESPIERRE
BRUT
PREMIER CRU

CHAMPAGNE
APPELLATION D'ORIGINE CONTRÔLÉE
Veuve Clicquot Ponsardin
MAISON FONDÉE EN 1772
REIMS
FRANCE
BRUT

MOËT et CHANDON à Epernay
Fondée en 1743
Champagne
*Dom Pérignon
Charme d'Irène*
Vintage 1979
12,5% VOL.

*Fu*k the Skunk*
vineyards
CHAMPAGNE
it's French!
66.6% Alcoholics/volume   750 ml

CUVÉE ROSÉ BRUT
DEPUIS 1812 SINCE
Laurent-Perrier
CHAMPAGNE
BRUT

BRUT IMPÉRIAL
MOËT & CHANDON
CHAMPAGNE
APPELLATION D'ORIGINE CONTROLÉE

CHAMPAGNE
BERTRAND - DELESPIERRE
à Chamery
1er Cru
BRUT TRADITION

CHAMPAGNE
Blanc de Blancs
Pierre Peters
PROPRIÉTAIRE-RÉCOLTANT
à Le Mesnil 4 Oger
BRUT
GRAND CRU 100%
APPELLATION CHAMPAGNE CONTROLEE
PRODUCT OF FRANCE
CONTENTS 750 ML   ALCOHOL 12% BY VOL.

CHAMPAGNE
DUVAL-LEROY
BRUT
PRODUIT DE FRANCE   PRODUCT OF FRANCE
Vins Mousseux   Sparkling Wine
500 ml   ÉLABORÉ PAR DUVAL-LEROY 51130 VERTUS FRANCE   12% alc./vol.

А в этот раз на складе собралось
множество бутылок с винами
со всего мира – дело шло к праздникам.
И шум поэтому стоял страшный.
Окажись бутылки на одной полке –
они бы наверняка переколотили
друг друга.
Но каждый сорт предусмотрительно
поставили на свою полку –
поди дотянись.
Оставалось кричать и спорить.

Как правильно открывать шампанское

Простые советы для тех, кто хочет с легкостью открывать бутылки с шампанским

1 Охладите шампанское: 30 мин. в воде со льдом, либо 3 ч в холодильнике

2 Не трясите бутылку

3 Снимая проволочную оплетку, придерживайте пробку

4 Наклоните бутылку на 45° к горизонтали (придерживая пробку)

5 Одной рукой крепко зафиксируйте пробку, а другой осторожно проворачивайте бутылку то в одну, то в другую сторону

6 Когда пробка начнет выходить, немного наклоните ее набок с помощью большого пальца

Классические типы фужеров для шампанского

Флейта   Труба   Чаша   Тюльпан*

- Узкие фужеры («флейта», «труба») за счет маленькой площади поверхности продлевают высвобождение углекислого газа. Они предпочтительны для сухих видов шампанского

- Фужеры типа «чаша» больше подходят для сладких игристых вин

* Этот бокал используется для белого вина, но также подходит для шампанского

Интересные факты

- Бутылка шампанского содержит количество углекислого газа, достаточное для образования нескольких десятков миллионов пузырьков

- Давление в бутылке шампанского достигает 5-6 атмосфер

И только одна бутылка, улыбаясь, молчала. Это была бутылка шампанского. Уж она-то точно знала, что вино, хранимое ей,—вино всех вин, королевский напиток праздника и любви, и уж тут-то никто спорить не будет: любое вино можно пить по какому угодно поводу и даже без повода, а шампанское—это всегда праздник. На поминки, заметьте, шампанское не подают. Недаром оно не томилось в общей душной бочке, а дозревало и набиралось силы в своей собственной бутылке, рядом с такими же красавицами, и специальные люди то и дело слегка поворачивали их, смотрели на свет, следили за температурой и вообще выказывали всяческое уважение. А когда на голову бутылке надели витую металлическую корону, а сверху украсили её золотой фольгой, всё стало окончательно ясно: она—избранная. Именно ей суждено подарить небывалый праздник счастья людям. Оставалось просто ждать. Это было несложно—вина умеют ждать. Они делаются от ожидания только лучше.

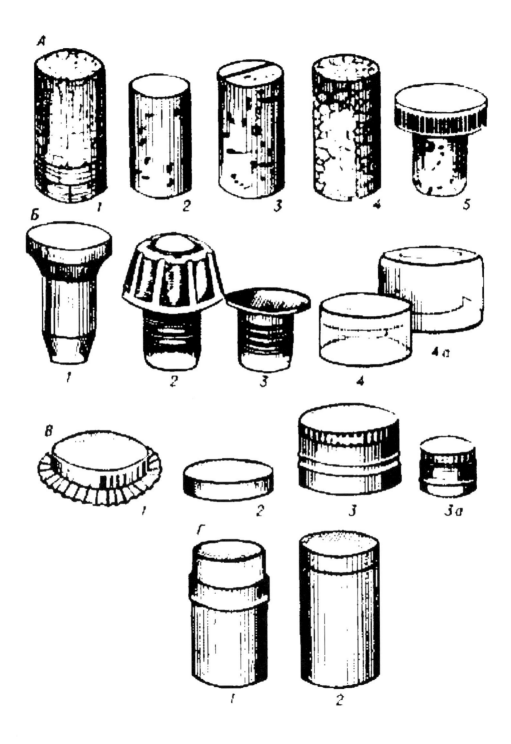

И вот в один прекрасный день бутылку шампанского вместе с несколькими другими – вдруг притихшими – бутылками аккуратно сложили в ящик, наполненный соломой, – и все они куда-то поехали.

По дороге ящик поведал, что им страшно повезло: их везут в ресторан – очень дорогой и очень известный.

Бутылка шампанского почти не волновалась – всё шло по плану.

Судя по тому, что по приезде в ресторан её поставили в холодильник, она поняла: скоро!

Она чувствовала, как шампанское внутри неё замирает и пружинится, готовясь к выходу на сцену.

Знаете, как медленно тянутся у бутылок последние часы перед самым главным?

Точно так же, как у людей!

И вот наконец настал вечер, в зале ресторана зажглись огни, тихо зазвучала музыка.

Бутылка шампанского представляла себе, как сейчас за столами рассаживаются красиво одетые господа и дамы, улыбаются друг другу, здороваются, целуют друг друга, шутят, листают меню.

Она даже чуть-чуть подпрыгивала от нетерпения, а за ней всё не шли и не шли!

Холодильник то и дело открывался, и чьи-то быстрые руки выхватывали из него то бутылку минеральной воды, то блюдечко с маслом. Не то, не то!

И вот когда надежда уже почти умерла, дверь холодильника распахнулась как-то особенно торжественно, рука в белой перчатке нежно обняла бутылку шампанского за горлышко, и через мгновение она увидела себя стоящей на серебряном подносе рядом с двумя тонкими бокалами.

А потом поднос медленно поплыл через горящий огнями зал, и бутылка чувствовала, как все гости ресторана провожают её восхищёнными взглядами.

А потом официант остановился у маленького столика, за которым сидели двое: молодой человек в изящном костюме и необыкновенной красоты дама в строгом вечернем платье.

В руке молодой человек держал маленькую коробочку, коробочка была открыта, и в ней сверкало колечко с бриллиантом.

«Вот это да! – успела подумать бутылка. – Он предлагает ей руку и сердце!»

В этот момент официант ловким движением ослабил корону на её голове, и шампанское выстрелило вверх волшебным салютом!

«Поздравляем, поздравляем!» – кричало шампанское всеми своими пузырьками.

«Счастья вам! – беззвучно кричала бутылка. – Счастья вам и любви!»

«Ты же знаешь, я не люблю шампанское!» –
нахмурилась дама.
«Но по случаю...» – начал было
молодой человек.
«Терпеть его не могу! – отрезала дама. –
С детства».
«Ну хорошо, что тебе заказать?» –
молодой человек,
кажется, совсем не расстроился.
А бутылку шампанского
поставили в ведёрко со льдом.
Лёд медленно таял,
и бутылка чувствовала,
как с последними пузырьками
из неё уходит жизнь.
А потом молодой человек увёл
свою капризную даму,
разошлись остальные гости,
ресторан опустел, официанты,
громко переговариваясь,
убирали со столов грязную посуду,
уборщица мыла пол и ставила
стулья на столы ножками вверх.
Один официант
уже без всякого уважения
ухватил бутылку шампанского
за горлышко и унёс на кухню.
Там он отхлебнул
из этого самого горлышка,
скривился и вылил умершее вино в мойку
с объедками.

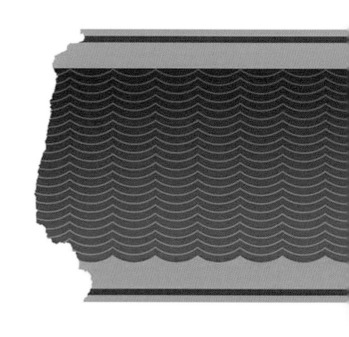

Андрей Макаревич
СКАЗКА

С ДОБАВЛЕНИЕМ ТЕКСТА

РЫБНАЯ
СТЕРИЛИЗОВАННАЯ

ГОСТ 13865 - 2013
ГОТОВА
К УПОТРЕБЛЕНИЮ

ПРО САРДИНКУ

АТЛАНТИЧЕСКАЯ НАТУРАЛЬНАЯ

РУССКИЙ
РЫБНЫЙ МИР

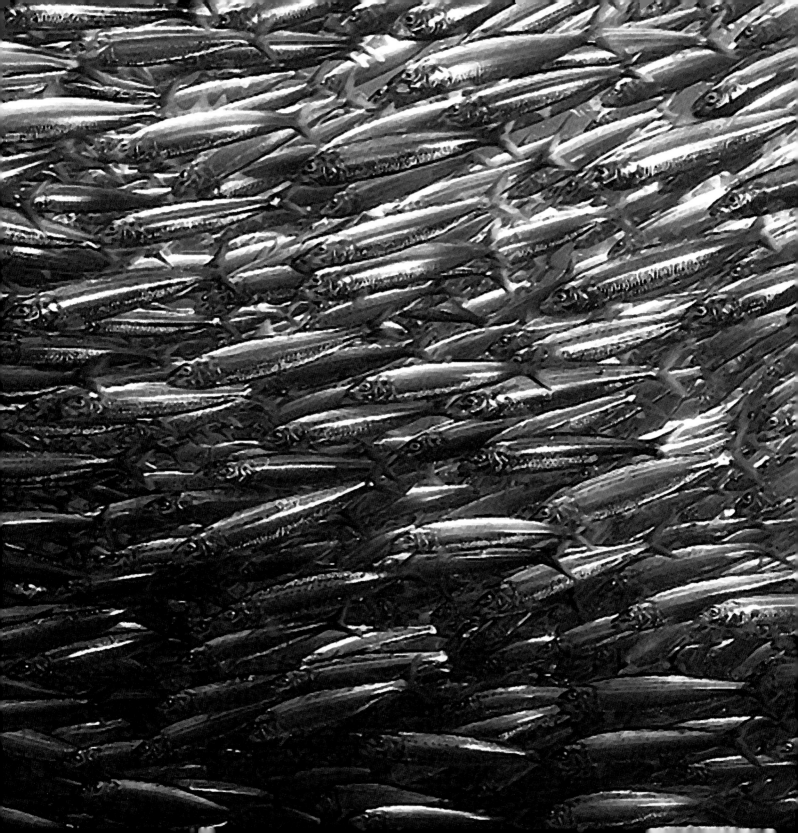

Сардинку звали Лида.

Всю свою
молодую жизнь,
сколько она
себя помнила,
она носилась
в огромной стае
сардин
по бескрайнему
синему океану.

Все в стае были точно такие же, как Лида, –
юные, стройные, серебристые, очень похожие
друг на друга.
Лида и имён-то многих подруг не знала –
это вон Зойка, дальше – Надя, а дальше –
неизвестно, да и как отличишь?
А это и не мешало – они вместе весело щебетали
о чём угодно и хохотали без причины.
Иногда стая вдруг разворачивалась на месте
и неслась в другом направлении – все как одна.
Лида не могла понять, как это происходит, –
в стае не было никакого вожака,
никто не отдавал команды,
просто вдруг раз – и все повернули.
В конце концов Лида перестала об этом думать.
В самом деле – когда ты бежишь,
ты же не командуешь ногам:
«Левой-правой, левой-правой!» – они сами.
Бежишь, и ладно.

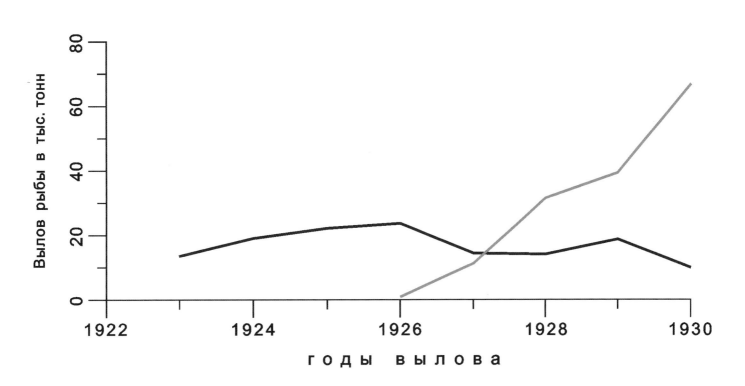

Вид рыб:

сельдь

сардина

Наступило лето, и стая сардин
вместе с другими такими же стаями
двинулась к югу, к побережью
Восточной Африки – на нерест.
Лида понятия не имела о том,
что такое нерест, да, похоже, никто
не знал, но говорили об этом радостно
и с благоговением.
Вода с каждым днём становилась
теплее и теплее, на горизонте
показались чёрные скалы
и оранжевые безлюдные пляжи –
Африка.

Ничто не предвещало беды. Как вдруг!

Вода над сардинками взорвалась и закипела! Это были бакланы - большие белые птиц

Сложив крылья, они как снаряды пробивали поверхность океана, влетали в самую середину ст

и длинными острыми клювами хватали сразу по несколько сардинок.

Лида с подругами бросилась вниз,

но оттуда на них уже надвигалась здоровенная акула с широко раскрытой пастью,

а за ней ещё и ещё! Акула ни в кого особенно не целилась – стая была такой плотной,

что от неё можно было откусывать, как от огромного бутерброда.

Мало того —
она становилась всё
плотнее и плотнее, пока не
сбилась в бешено крутящийся
шар — снизу его поджимали акулы,
сверху падающие бакланы, а вокруг,
нехорошо улыбаясь, носились стре-
мительные дельфины. Впрочем, скорее
всего, они не улыбались — просто у
дельфина так устроено лицо.
Вообще, улыбка — довольно
обманчивая вещь.

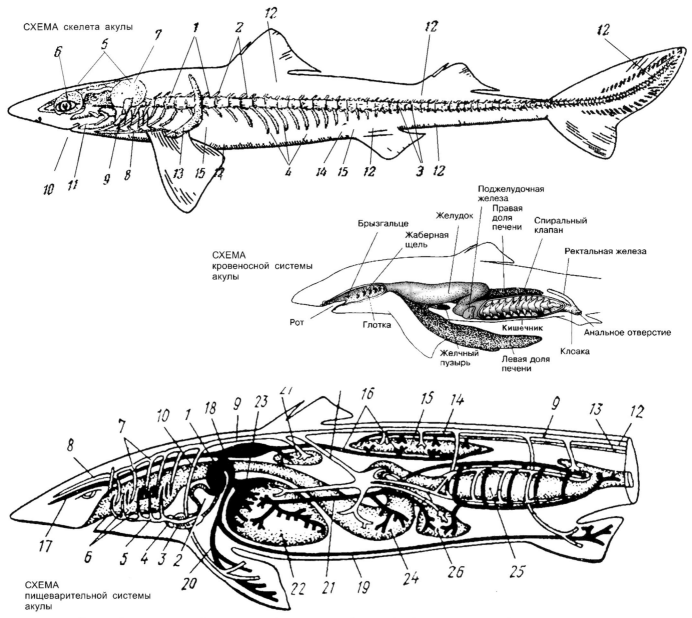

СХЕМА скелета акулы

СХЕМА кровеносной системы акулы

Брызгальце
Жаберная щель
Желудок
Поджелудочная железа
Правая доля печени
Спиральный клапан
Ректальная железа
Рот
Глотка
Желчный пузырь
Левая доля печени
Кишечник
Клоака
Анальное отверстие

СХЕМА пищеварительной системы акулы

1 — венозный синус, 2 — предсердие, 3 — желудочек, 4 — артериальный конус (1 — 4 — отделы сердца), 5 — брюшная аорта, 6 — левые приносящие жаберные артерии, 7 — левые выносящие жаберные артерии, 8 — левая сонная артерия, 9 — спинная аорта, 10 — левая подключичная артерия, 11 — артерии брюшной полости, 12 — хвостовая артерия, 13 — хвостовая вена, 14 — левая воротная вена почек, 15 — левая почка, 16 — левая задняя кардинальная вена, 17 — левая передняя кардинальная вена, 18 — левый кювьеров проток, 19 — левая боковая вена, 20 — левая подключичная вена, 21 — воротная вена печени, 22 — печень, 23 — печеночная вена, 24 — желудок, 25 — толстая кишка, 26 — селезенка, 27 — половая железа

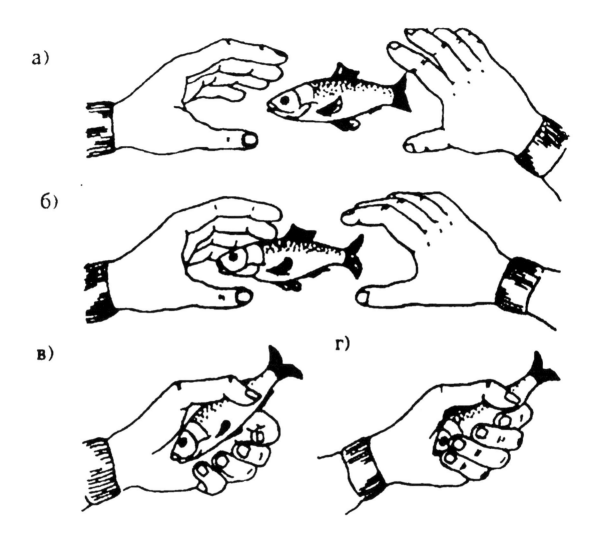

Последовательность перемещений рук и пальцев при ловле рыбы средних размеров:

а), б) — Сближение рук (левая рука неподвижна)

в), г) — захват рыбы пальцами левой руки

Сбоку медленно подплыл

НЕВЕРОЯТНЫХ РАЗМЕРОВ КИТ — УЖ ОТ НЕГО-ТО Лида

НИКОГДА НИЧЕГО ПЛОХОГО НЕ ОЖИДАЛА, —

РАСКРЫЛ СВОЮ БЕЗДОННУЮ УСАТУЮ ПАСТЬ,

В ШАРИК,

стал
меньше
в два раза!

Лида первая поняла, что надо делать.
«Врассыпную! – громко закричала она. –
Все врассыпную! В разные стороны!» –
«Нет-нет, только вместе! – бормотали сардинки,
задыхаясь от собственного вращения. –
Мы всегда вместе! По-другому нельзя! Ты что?!
Нельзя-нельзя!»

Ножи консервные

И тогда
Лида
изо всех сил
рванулась
в сторону
и вдруг
оказалась – О Д Н А
впервые
в жизни.
Это было
очень
странное
ощущение:
слева,
справа,
снизу,
сверху – Н И К О Г О .

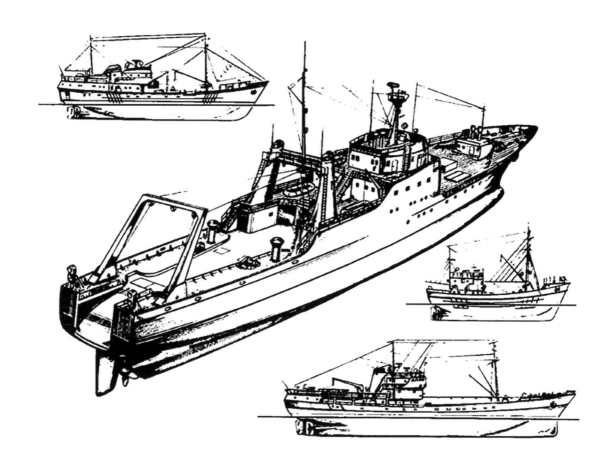

Схема судна
для добычи рыбопродуктов

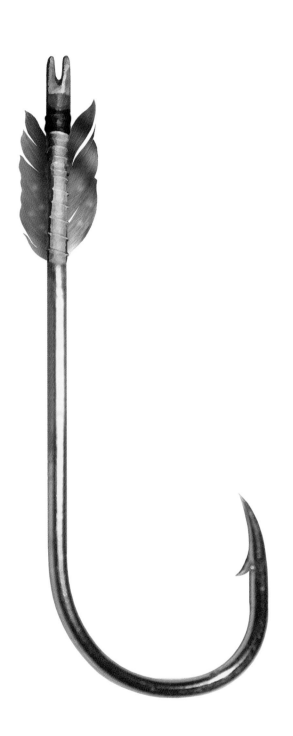

Только где-то
позади
еще бурлила
вода –
там заканчивался
акулий-
дельфиний-
бакланий пир.
Тут и там
в воде плавали
чешуйки
её недавних
подруг –
они медленно,
покачиваясь,
опускались
в глубину
и гасли там,
как серебряные
звёздочки.
Ещё несколько
минут – и океан
снова был
безмятежен,
прозрачен
и спокоен.

Поначалу Лиде было неуютно без родной стаи – она чувствовала себя раздетой. Но скоро заметила, что в одиночку она никого не интересует – и дельфины, и акулы, и тунцы гонялись за сардиньими стаями – одна она была для них слишком мала, да ещё попробуй поймай, а бакланы со своей высоты просто не могли разглядеть в воде одинокую тёмную Лидину спинку.

Она некоторое время скучала по весёлой болтовне с подружками, но, как ни старалась, не могла вспомнить, о чём они говорили: обычно все наперебой повторяли одну и ту же фразу.

«Мы плывём к югу!» – вдруг восклицал кто-то, и все радостно соглашались: «Да-да, мы все плывем к югу! На юге тепло!»

«Да-да, нам там будет тепло!» – кричала Лида вместе со всеми. Ничего более содержательного на память ей не пришло, и Лида решила, что без таких разговоров в жизни вполне можно обойтись.

А на следующий день она встретила такую же одинокую сардинку, плывущую в том же направлении.

У сардинки был поцарапан бок – баклан так и не смог её схватить. К удивлению Лиды, сардинку звали не Катя, не Лена, не Зина, а Коля, и дальше они поплыли вместе.

А потом был нерест – Лида уже догадалась, что это он и есть, и она наметала десять… нет, сто тысяч прозрачных золотых икринок, из которых скоро должны будут появиться на свет новые крохотные сардинки, и Коля носился вокруг, переживал, помогал Лиде, как мог, и вообще устал гораздо больше, чем она.

А наутро Лида попрощалась с милым Колей, с опасными берегами Африки и уже совершенно спокойно поплыла в сторону открытого океана.

Она плыла и чему-то улыбалась.

А.Макаревич   СКАЗКА ПРО ТО, ЧТО САМОЕ ГЛАВНОЕ

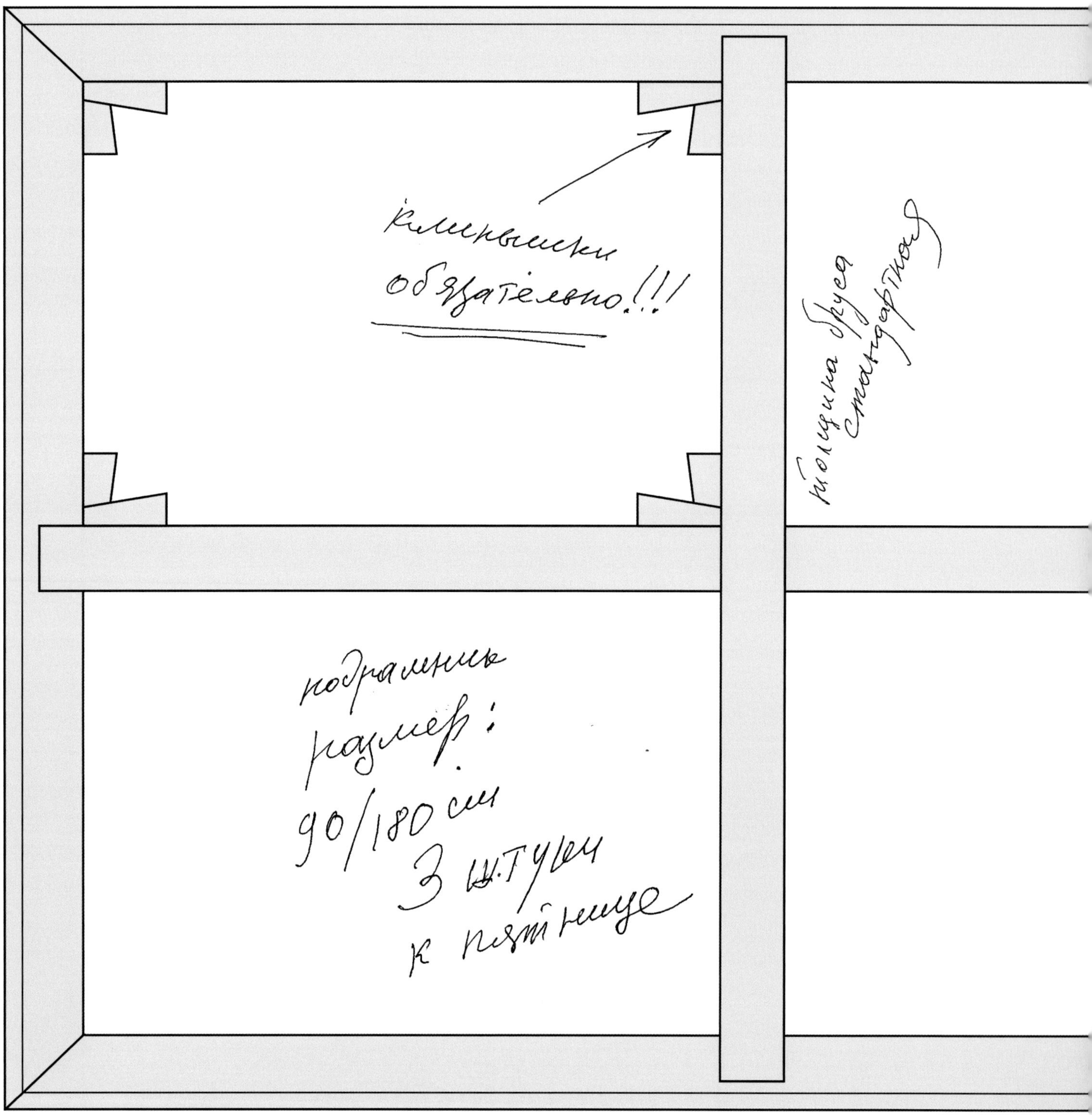
клинышки
обязательно!!!
толщина бруса
стандартная
подрамник
размер:
90/180 см
3 штуки
к пятнице

Заберу
в разобранном виде

Вы напрасно
думаете,
что, когда все
уходят
из комнаты,
гасят в ней свет
и закрывают
дверь,
в ней ничего
не происходит.
Как раз
наоборот –
в ней
происходят
самые
интересные вещи!
Просто
вы этого никогда
не увидите.

Художник очень не любил, когда ему говорили, что у него в мастерской страшный беспорядок. «А что такое, по-вашему, порядок?» – спрашивал он.

И сам отвечал:

«Порядок – это когда Я совершенно точно знаю, где что у меня лежит!»

А он и вправду знал и мог не глядя выхватить из кучи предметов на рабочем столе нужную кисточку, тюбик с нужной краской.

Художник приходил в мастерскую около полудня – он не любил рано вставать.

Придя, он прямо в пальто плюхался в кресло и, сидя неподвижно, долго смотрел в одну точку. Точка эта могла располагаться на недописанной картине, а могла быть и совершенно в другом месте – бог его знает, о чём художник в это время думал.

Потом он вздыхал, поднимался, снимал пальто, надевал заляпанный красками халат, включал старенький кассетный магнитофон, наливал себе полстаканчика вина и уходил в работу.

Работал художник до позднего вечера. Потом он допивал вино, надевал пальто, ещё некоторое время смотрел на незаконченный холст, бормоча что-то себе под нос, выключал магнитофон, мыл кисти, гасил свет и   у х о д и л —

до завтра.

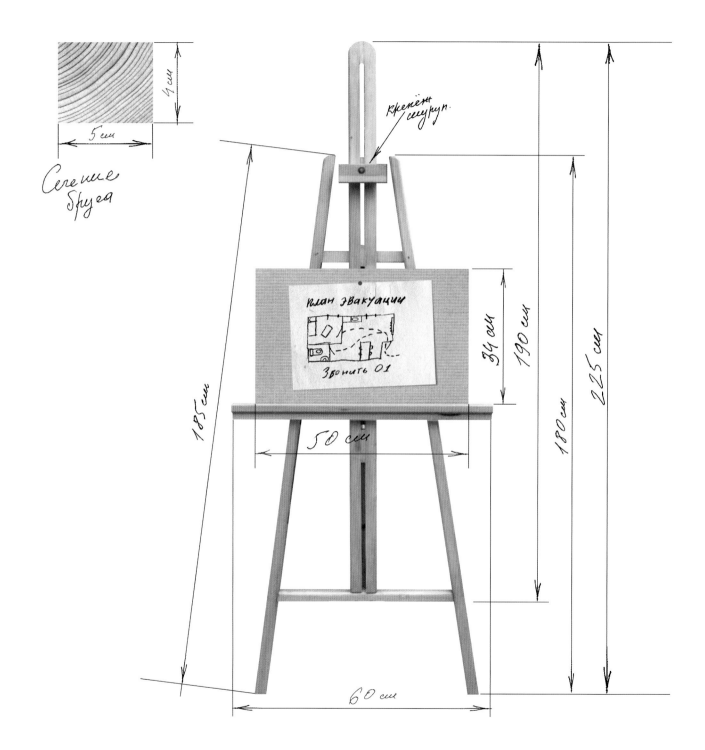

Сечение
бруса

5 см

4 см

вкреплён
шуруп.

план эвакуации

Звонить 01

185 см

50 см

34 см

190 см

180 см

225 см

60 см

АДМИНИСТРАЦИЯ ЛЕНИНСКОГО РАЙОНА
Государственное унитарное предприятие

"ЖИЛИЩНОЕ
РАМОНТНО - ЭКСПЛУАТАЦИОННОЕ
ОБЪЕДИНЕНИЕ
ЛЕНИНСКОГО РАЙОНА"
320006, ул. Полевая, 24
Р/с 2017200170046 в Ленинском отделении
ААТ Бизнесбанка код766
Тел. 421-20-28, факс 421-53-34

_____ 01.03.2000 6-40 _____
№ _____ № _____

Союз художников
Зам. председателя Л.В.Казаков

ул.К.Маркса, 3/21

Воронкову С.В.

ул.Первомайская, 8 ком. I

        УП "ЖРЭО Ленинского р-на" информирует о том, что срок
действия договора № 4 на аренду нежилого помещения по адресу:
ул.Первомайская, 8 комната I   заканчивается 01.04.2000 г.
и продлен не будет по причине неоднократных жалоб жильцов.
        В связи с чем, предлагаем Вам освободить данное помещение
по приемо-сдаточному акту до 01.04.2000.

Директор предприятия   Л.В.Ковалевский

321 35 03
Т

И начиналось!
Сотни вещей,
живших в мастерской,
любили хозяина –
каждая по-своему.
Поэтому каждой
хотелось думать, что она
у хозяина самая главная.
Любовь, как ни верти,
требует взаимности.
«Это все мы, мы! – кричали
краски, стараясь перекричать
друг друга. –
Без нас бы он не написал
ни одной картины!
Мы – его голос,
его чувства, его шёпот
и крик!»

– «Ну конечно! – отвечал им холст. – Да если бы я не терпел вас на своей безупречной поверхности, где бы вы были, кто бы вас увидел? Выставка произведений в тюбиках? Или на палитре? Недаром картину называют "Холст", а не "Краски"!» – «Ах, как мило! – возмущалась кисть. – Конечно, можно размазывать краску по холсту пальцами, говорят, это сейчас даже модно, однако наш хозяин работал и работает кистью!» – «Не мешало бы вам знать, – говорил карандаш, – что всё начинается с эскиза. А эскиз возникает, когда хозяин берёт в руку меня!» – «Нет, дорогие мои, – вздыхала бутылка, в которой ещё совсем недавно оставалось вино. – Если бы не я, хозяин бы и не подошёл к мольберту, не взял бы вас, краски, вас, кисть, не натянул на подрамник вас, уважаемый холст. Без меня он печален, не уверен в себе и сомневается, что его картины вообще могут быть кому-то интересны». – «А я, а я? – подпрыгивал, дребезжа, старый магнитофон. – Вы когда-нибудь видели, чтобы он рисовал без музыки, в тишине? Живопись – это застывшая музыка!» – «Ах, какие мы все умные! – улыбалась рамочка с фотографией темноволосой женщины. Рамочка стояла на самой верхней полке для книг, поэтому улыбалась свысока. – Неужели вы думаете, что, если бы не было здесь меня, если бы он не смотрел на меня каждое утро, если бы не было у него в жизни его единственной несчастной любви, он бы нарисовал что-нибудь стоящее? Да он бы вообще не взялся за кисть! Разве вы не видите, что всю свою жизнь он рисовал и рисует только её одну, – фотографию которой храню для него я!»

И только старые часы на стене молчали.
Они-то отлично знали, кто тут самый
главный. Поэтому они никогда
не вступали в спор и только
тихонько тикали,
отмеряя время:
тик-так,
тик-
так...

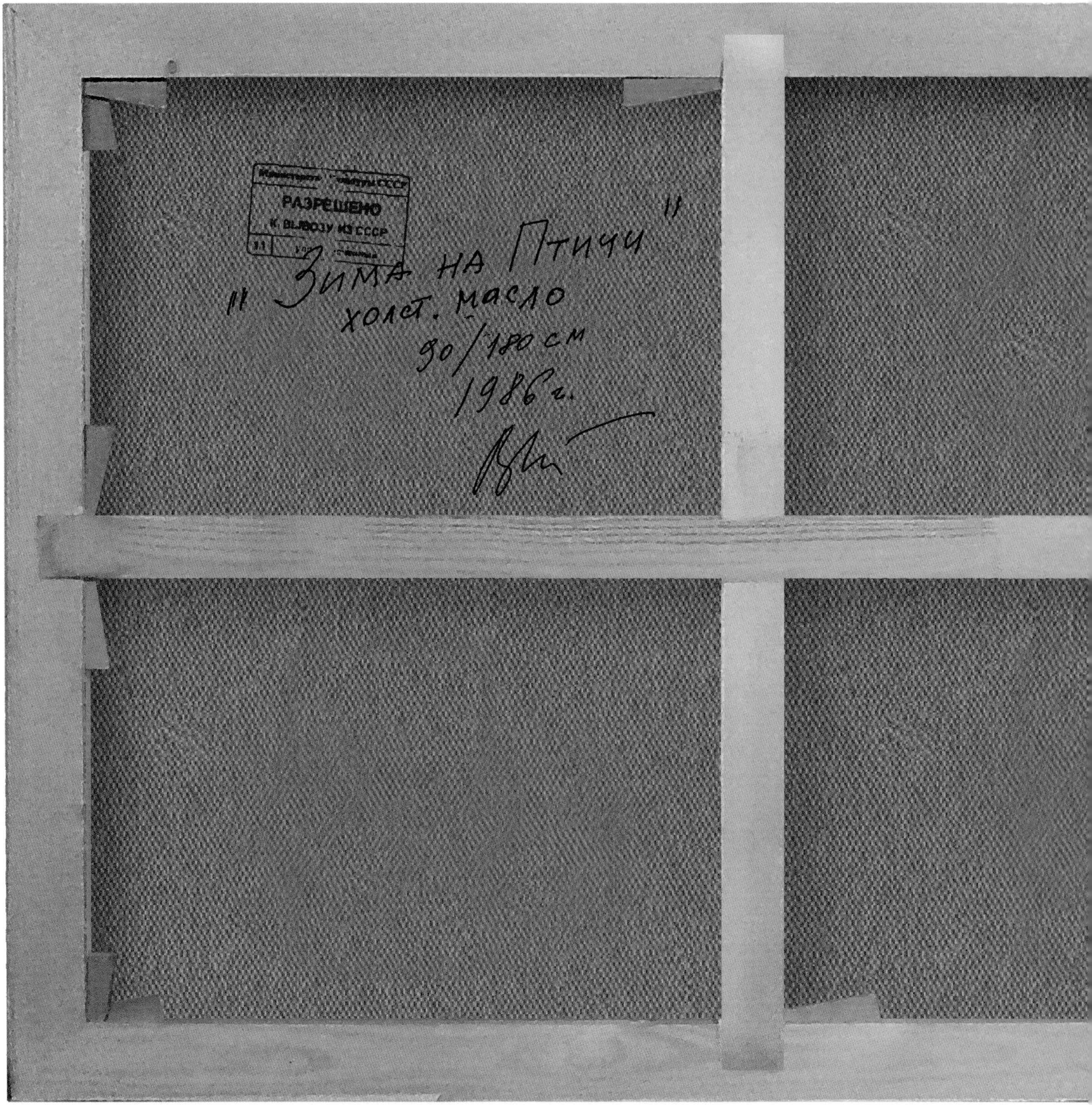
РАЗРЕШЕНО
К ВЫВОЗУ ИЗ СССР
"Зима на Птичи"
холст. масло
90/180 см
1986 г.

ГЛАФИРА 77

RUS

Андрей МАКАРЕВИЧ

Глафира была необычной машиной.

Нет, она была очень дорогой машиной самой-самой последней модели – обычную машину Глафирой не назовут: всё больше Лены, Зины, Вали. Глафира стояла не где-нибудь на улице, а в главном зале роскошного автомагазина, и видела, как в витрине справа от неё светится и мигает рекламный щит с её, Глафириным, изображением почти в натуральную величину.

СВОЕГО ПРИНЦА.

Принц Глафире сразу понравился:
он без всяких разговоров сел в в салон,
подвигал туда-сюда кресло, обтянутое
кремовой кожей, потрогал руль,
зачем-то включил радио,
сказал «Тэ-экс», вышел
и направился в сторону кассы.
Он не задавал лишних вопросов
менеджеру по продажам,
который стоял, услужливо склонясь,
у капота, и не торговался.
«Настоящий принц!» –
решила Глафира.

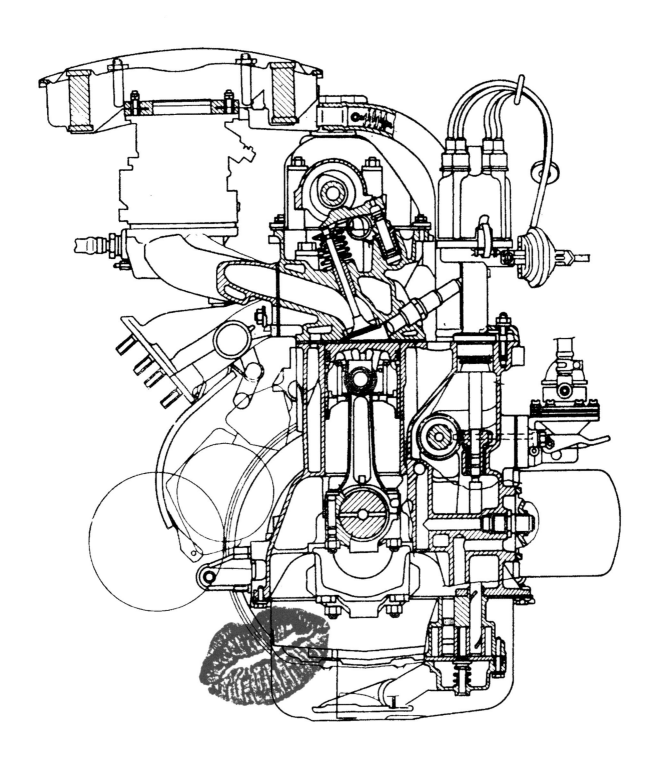

Никогда ещё Глафире не было так хорошо. Хотя где ей могло быть хорошо? На заводе, где её собирали, свинчивали, красили и сушили? Или на тестовом стенде, где её трясли, дёргали и вообще пытались сделать больно? Ей не было так хорошо даже в магазине, хотя многие считают, что ожидание счастья приятней самого счастья. Принц (его звали Альберт) водил машину превосходно: быстро, но мягко, – и они оба получали одинаковое удовольствие от езды. Жила Глафира в тёплом, чистом гараже, и каждое утро её мыл молчаливый человек с неприметным лицом в чёрном комбинезоне. Ездили они в основном по банкам – красивым высоким зданиям, где на стоянках рядом с Глафирой ждали своих хозяев такие же дорогие, ухоженные машины –

Альбины,

Снежаны,

Виолетты.

Вечерами Альберт с Глафирой отправлялись в очередной ресторан.
Иногда по дороге они заезжали за девушками.
Девушки не нравились Глафире: все они были какие-то одинаковые,
расфуфыренные, длинные и дохлые.
Они зазывно хохотали, очень хотели понравиться Альберту,
и от них невыносимо разило духами.
Они искололи своими острыми шпильками весь Глафирин коврик.
Одна из них, хохоча, уронила тюбик губной помады под сиденье.

ПРИСТЕГНИТЕСЬ ЗА РУЛЁМ!

Мстительная Глафира
закатила помаду в самый дальний угол, чтобы ни за что не достать.

Там она и осталась — навсегда.

Раз в четыре месяца
Альберт привозил Глафиру
в специальный центр,
где ей устраивали
внимательный осмотр, подтягивали
все гаечки (было щекотно и немножко
больно), меняли старое масло на новое
(а вот это было очень приятно), натирали
её специальным воском и полировали.
И когда Глафира медленно выезжала
из ворот центра, сверкая всеми
своими боками,
стоящие в очереди машины
провожали её завистливыми фарами.

Шли годы. Это такая обязательная фраза, если ты рассказываешь историю. На самом деле прошло всего два года. Какое там прошло – пролетело! Счастье умеет торопить время.

И однажды Глафира увидела, что Альберт притормозил у того самого салона, где они познакомились два года назад, и внимательно рассматривает витрину. В витрине уже не было плаката с Глафириным портретом – там стояла новая машина. Она была очень похожа на Глафиру – и осанкой, и разрезом глаз, и даже цветом, – просто она была моложе. Она была настолько невозможно молода, что Глафира зажмурилась от горя. Её возлюбленный, её принц, совершенно не стесняясь её, таращился на эту юную красавицу, и Глафира видела, как она ему нравится!

Это был

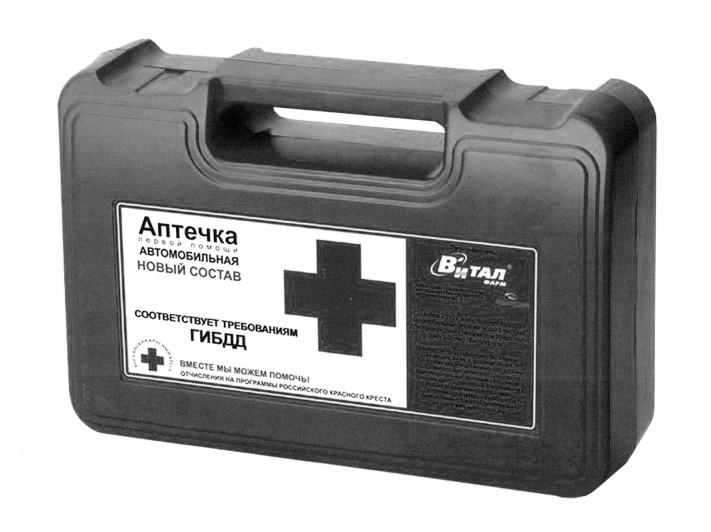

КОНЕЦ.

Два дня Глафира не находила себе места. Нет, она продолжала вести себя безупречно – воспитание не позволяло закатить Альберту истерику.

Но жить так больше было нельзя. И к концу второго дня Глафира решила: лучше покончить со всем разом – и с собой, и с ним. И по дороге домой она, выбрав на асфальте ямку побольше, специально въехала в неё колесом и изо всех сил рванула руль вправо. «Прощай, жизнь!» – успела подумать она, как и положено думать в таких случаях.

Конечно, ничего у неё не получилось – как ни верти, а машинами управляют люди. Альберт даже не понял, что произошло: руль чуть-чуть вильнул в сторону, ямка и ямка. Он вообще в это время думал совершенно о другом.

А ещё через пару дней он привёз Глафиру в тот самый салон, где когда-то началась их любовь, выгреб бумажки из бардачка, забрал из багажника спортивную сумку и ушёл, не попрощавшись.

Глафира, по счастью, стояла спиной к двери и не видела, как он выезжал из магазина на молодой красотке, и эту дуру распирало от радости. А потом Глафиру вымыли снаружи и изнутри, наклеили на лобовое стекло листок с ценой и выкатили во двор, где уже стояли такие же, с бумажками на лбу, брошенные Анжелики и Снежаны, хмурые и не склонные заводить беседу.

А ещё через три дня Глафиру купил
лысоватый полненький человек.
Звали его Николай Иванович,
и он совсем не был похож ни на Альберта,
ни на принца вообще.
Прошло несколько дней, и Глафира убедила себя,
что Николай Иванович тоже, скорее всего, принц,
просто не такой явный.
Иначе ведь и быть не может, верно?

А ещё через неделю она поняла,
что он ей почти нравится.

ПОКУПАЙТЕ

в личное пользование автомобили

Москвич

с четырёх дверным кузовом

в специализированных
магазинах Министерства
автомобильной
и тракторной
промышленности СССР

Цена легковых автомобилей в СССР, руб.

"_____" _____ 20___г.

СКАЗКА № _____

Ассортимент	Цена	Кол-во	Сумма
Вилка			
Зина		*1 шт.*	
		Итого	

Подпись официанта ___*А. Мак*___

ООО "Линия" комп. тел. 8-921-760-ПО-18

Зинаида была очень хорошо воспитанной потомственной вилкой.

И мама, и бабушка её были вилками и всю свою жизнь безукоризненно выполняли свою работу. И Зина всегда строго следила за тем, чтобы она была хорошо вымыта, блестела и при сервировке стола располагалась именно на том месте, которое ей было отведено правилами.

Нерадивых официантов, путающих эти правила, Зина не переносила. Впрочем, нерадивых официантов в ресторане, где работала Зина, не водилось – это был очень хороший старый ресторан, гордящийся своими традициями.

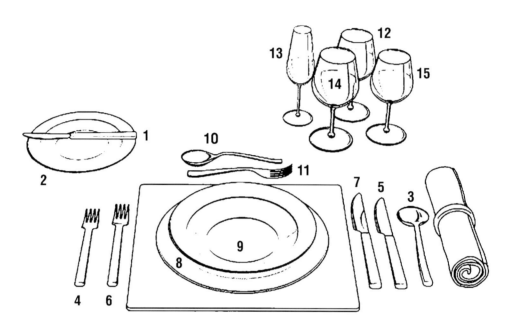

1. Нож для масла. **2.** Пирожковая тарелка для хлеба и масла. **3.** Ложка (для первого блюда). **4.** Вилка для морепродуктов (холодных закусок). **5.** Нож для морепродуктов (закусок). **6.** Вилка для мяса и салатов (основного блюда). **7.** Столовый нож. **8.** Декоративная тарелка. **9.** Суповая тарелка. **10.** Десертная ложка. **11.** Десертная вилка. **12.** Стакан для воды. **13.** Бокал для шампанского. **14.** Бокал для красного вина. **15.** Бокал для белого вина.

Каждый день задолго до прихода гостей Зину вместе с другими столовыми приборами тщательно протирали и раскладывали на свежей хрустящей скатерти стола в строгом порядке – это был любимый Зинин момент: ей казалось, что начищенные приборы выстраиваются как солдаты на плацу и сейчас начнётся парад.

А что вы думаете! В центре – торжественная белая тарелка, на другой тарелке – побольше, справа, – салатный нож, потом ложка для супа, потом нож для рыбы, потом нож для мяса, слева – салатная вилка, потом рыбная вилка, потом она, Зина, – у самой тарелки! А сверху ещё ложечка и вилочка для десертов и фруктовый ножик! А сверкающие, тончайшего стекла бокалы? Для воды, для белого вина, для красного? А салфетка, наконец, – накрахмаленная, горящая белизной салфетка, схваченная в талии широким серебряным кольцом? Зина наслаждалась каждым мгновением этого праздника.

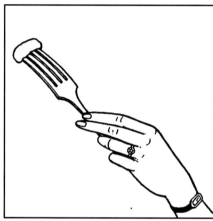

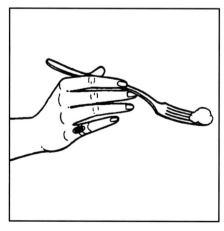

Когда Зиной ели,
она этого,
честно сказать,
не любила.
Во-первых,
это не больно-то
приятно –
когда тобой едят.
Во-вторых,
идеальный порядок
построения на столе
быстро нарушался,
гости веселели
и часто хватали
совсем не тот прибор,
который полагался
к блюду.
Хотя, казалось бы,
как можно перепутать?
Бери по очереди
с краю
и не ошибёшься.
Так что, когда до Зины
доходила очередь
и ей ели,
она зажмуривалась
и терпела, так как
догадывалась, что
в понимании людей
это и есть её основное
предназначение.

Потом вечер подходил к концу, гости разбредались, официант Арнольд
собирал приборы на специальный поднос и нёс на кухню,
где посудомойка Клавдия Ивановна мыла каждую вилку, каждый ножик
своими мягкими, тёплыми руками.
Зина любила Клавдию Ивановну – они обе понимали, что такое чистота.
Потом приборы вытирали полотенцем, клали на другое полотенце
и гасили свет – до завтра.

В этот день всё с самого начала пошло не так.
Сперва официант Арнольд, сервируя стол,
положил Зину не совсем так, как надо, –
ближе к краю стола.
Арнольд с утра бывал неточен в движениях,
и Зина его за это терпеть не могла.
Потом за Зинин стол пришли гости, и это были
два немолодых человека.
Зине гораздо больше нравилось,
когда к ней за стол садились пары – это было
так романтично, а Зина в глубине души
была неисправимым романтиком.
Да-да, такое бывает: снаружи человек
строг и чёрств и главнее всего для него порядок,
а внутри – романтик, ничего не поделаешь.

Гости пили виски,
вполголоса говорили о делах,
и Зина приготовилась скучать.

И когда уже подходила её очередь работать – вот-вот должны были
подать горячее, – вдруг случилось непоправимое: гость неловко провёл локтем
по скатерти, и Зина полетела под стол! Она ударилась об пол и зазвенела
изо всех сил – я здесь, я здесь! И гость уже принялся было неловко шарить рукой
под столом вслепую. Но тут Зина услышала голос подлеца Арнольда:
«Ах, не беспокойтесь ради бога – я сейчас принесу новую!» – «Дама придёт!» –
сказал второй гость – и все трое засмеялись.

А Зина лежала на полу, стиснув зубья, и думала, что вот так теперь она
будет лежать и лежать до самой ночи и никто про неё не вспомнит и не заметит,
и в конце концов её выметут вместе с мусором и выбросят на помойку.
Конечно, такого случиться не могло – очень трудно вымести вилку вместе
с мусором, но ведь приятно иногда пожалеть себя, правда?

«Боже мой, Катерина, это ты? Откуда ты здесь?» – услышала Зина голос одного
из гостей. «А я прилетела. Только вчера! Вот уж не ожидала тебя встретить!» –
ответил милый женский голос.

Засуетился Арнольд, пододвигая к столу ещё одно кресло, и Зина увидела
совсем рядом с собой маленькие лакированные женские туфельки.

«Ну как ты живёшь? Что тебе налить? Закажешь что-нибудь? Официант!
Коля, познакомься, это Катерина!» Голос гостя было просто не узнать.

А потом прошёл час, и ещё полчаса,
и давно ушёл, попрощавшись, Коля,
и ресторан опустел, и Арнольд уже несколько раз
проходил мимо стола, специально покашливая,
а эти двое всё говорили и говорили —
и никак не могли наговориться.
А вилка Зина лежала под столом.
И ей почему-то совсем
не было грустно.

столовые

закусочные

десертные

рыбные

чайная
ложка

кофейная
ложка

5

Лады	0	I	II	III	IV	V	VI	VII	VIII	IX
		фа	фа#	соль	соль#	ля	ля#	си	до	до#
Ми		до	до#	ре	ре#	ми	фа	фа#	соль	соль#
Си		соль#	ля	ля#	си	до	до#	ре	ре#	ми
Соль		ре#	ми	фа	фа#	соль	соль#	ля	ля#	си
Ре		ля#	си	до	до#	ре	ре#	ми	фа	фа#
Ля		фа	фа#	соль	соль#	ля	ля#	си	до	до#
Ми										

струны

X	XI	XII	XIII	XIV	XV	XVI	XVII	XVIII	XIX
ре#	ми	фа	фа#	соль	соль#	ля	ля#	си	
ля#	си	до	до#	ре	ре#	ми	фа	фа#	
фа#	соль	соль#	ля	ля#	си	до	до#		
до#	ре	ре#	ми	фа	фа#	соль	соль#		
соль#	ля	ля#	си	до	до#	ре	ре#	ми	
ре#	ми	фа	фа#	соль	соль#	ля	ля#	си	

Номер пружины	Длина	Высота	Толщина
1	370	12	4
2	350	12	4
3	250	12	4
4	270	12	4

Основные размеры пружин для гитар улучшенного качества, мм

Номер пружины (рис. 5, в)	Длина	Высота	Толщина
1	225	15	6/3
2	270	15	6/3
3	250	18	6/3
4—11	150—200	4	5

Варианты расположения пружин могут быть и другие. Музыкальные мастера всегда ищут наиболее оптимальные варианты, добиваясь наилучшего звучания инструментов.

Основные размеры пружин для концертных гитар, мм

Номер пружины (рис. 6)	Длина	Высота	Толщина
1, 2, 3 и 4 (горизонтальные)	225—310	18	8/3
4—14; 5—15; 5—9 (веерные)	150—200	3	6
10	370	8	6
11, 12, 13	150, 80	3	6

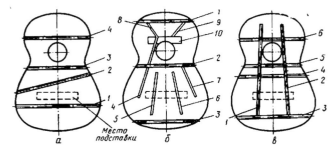

Рис. 5. Расположение пружин на деке гитар

Гитары с комбинированным расположением пружин на деке (рис. 5, б и в) получили у музыкантов-профессионалов высокую оценку по звучанию, особенно если гитары оборудованы нейлоновыми струнами. Это же расположение пружин можно рекомендовать и для гитар, изготовляемых по индивидуальным заказам.

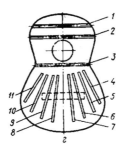

Рис. 6. Расположение пружин на деке концертных гитар

Основные размеры, комбинированно расположенных пружин для концертных гитар

Номер пружины (рис. 5, б)	Длина	Высота	Толщина	Номер пружины (рис. 5, в)	Длина	Высота	Толщина
1	225	10	4	1, 2	370	8	6
2	250	20	5	3	330	3—4	6
3	235	12	4	4	310	3—4	6
4	275	12	4	5	240	3—4	6
5, 6	205	10	4	6	270	3—4	6
7	155	12	4				
8, 9	95	8	3				
10	140	2	25				

Дно изготовляют из различных материалов: из фанеры клееной толщиной 3 мм, марок ФСФ и ФК, сорта А/АВ; из фанеры клееной толщиной 1—1,5 мм, марки БС-1, облицованной строганым шпоном красного дерева, ореха, клена, из массивной древесины клена, палисандра, ореха и других ценных пород. Облицовка дна может быть цельной или составной из двух частей, с центровой жилкой или без нее.

Дно приклеивают к нижней стороне рамки корпуса. К дну приклеивают обычно три пружины, расположенные перпендикулярно оси дна так, чтобы они не находились напротив резонаторного отверстия.

Подставка на корпусе гитары служит для крепления струн (если она приклеена к деке), ограничения длины рабочей части струны, передачи колебаний струн деке и размещения струн по ширине грифа.

Еще одна весьма оригинальная схема расположения пружин приведена на рис. 5, г.

Гитара не очень хорошо помнила, как она появилась на свет.

Сначала из тонкой еловой дощечки вырезали форму её тела с отверстием посередине – это называлось «дека», потом к деке приклеили гнутые деревянные борта – это называлось «обичайка», потом мастер соединил корпус с длинной шеей – шея называлась «гриф», и всё это ещё не было гитарой.

Потом в грифе проделали щёлочки и аккуратно вставили в них серебряные поперечинки – это называлось «лады».

На головку грифа шурупами прикрутили хитрую машинку с зубчатыми колёсиками и красивыми крантиками – это называлось «колки».

Потом к корпусу приклеили тёмную планочку с отверстиями – «порожек» – и покрыли корпус прозрачным пахучим лаком.

Потом гитара долго висела, подвешенная за гриф, вместе с такими же, как она, и сохла – нет, она и тут ещё не была гитарой.

И вот настал день, когда мастер взял её в руки, ловко продел струны в отверстия на порожке, закрутил колки; струны туго натянулись, мастер провёл по ним рукой, и вдруг гитара задрожала и запела в ответ!

Это было так прекрасно и так неожиданно!

Да, именно в этот момент гитара стала гитарой – отсюда началась её жизнь.

Потом гитара висела на стене в музыкальном магазине.

Она была совсем не самая дорогая, поэтому висела в самом низу — верхние ряды занимали сверкающие перламутром надменные красавицы.

Гитара не сильно переживала на этот счёт. «И чего они задирают нос, как будто на них по двадцать струн? Струн у нас у всех по шесть, и нечего тут задаваться!» — так она размышляла. И конечно, была права.

Однажды в магазин пришёл мальчик. На вид ему было лет двенадцать.

Он был невысокого роста – прилавок доходил ему до подбородка.

Мальчик положил подбородок на прилавок и долго смотрел на гитару – она висела прямо напротив.

Он стоял и стоял, пока продавец не спросил, что ему нужно.

Тогда он молча развернулся и вышел на улицу, и гитара подумала, что она его больше не увидит, но на следующий день мальчик вернулся с папой.

Папа повздыхал, покряхтел, полез в карман за бумажником, продавец снял гитару со стены и уложил в картонную коробку.

Потом они ехали куда-то втроём, и гитара думала, что вот у неё наконец появился хозяин.

Она была рада любому хозяину, ведь до этого у неё вообще никого не было.

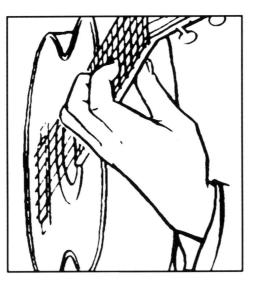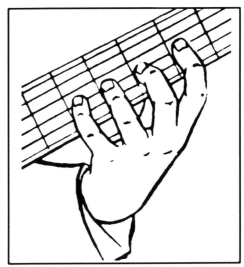

Оказалось, что мальчик совсем не умеет играть на гитаре.

Но он так хотел научиться, что не выпускал её из рук.

Он подходил с ней к зеркалу – ему нравилось, как они смотрятся вдвоём.

Он украдкой нюхал её – ему кружил голову запах сухого дерева и лака.

Ночью он брал гитару с собой в постель и всегда держал руку
у неё на талии.

И гитара не могла не ответить на такую любовь.

Пальцы у мальчика были тоненькие, непослушные, от жёстких струн
на них появились мозоли – мальчик не замечал.

Он снова и снова зажимал на грифе три аккорда, которые уже успел выучить.

Гитара помогала ему из всех сил.

Как нам помогают гитары? Мы этого не знаем.

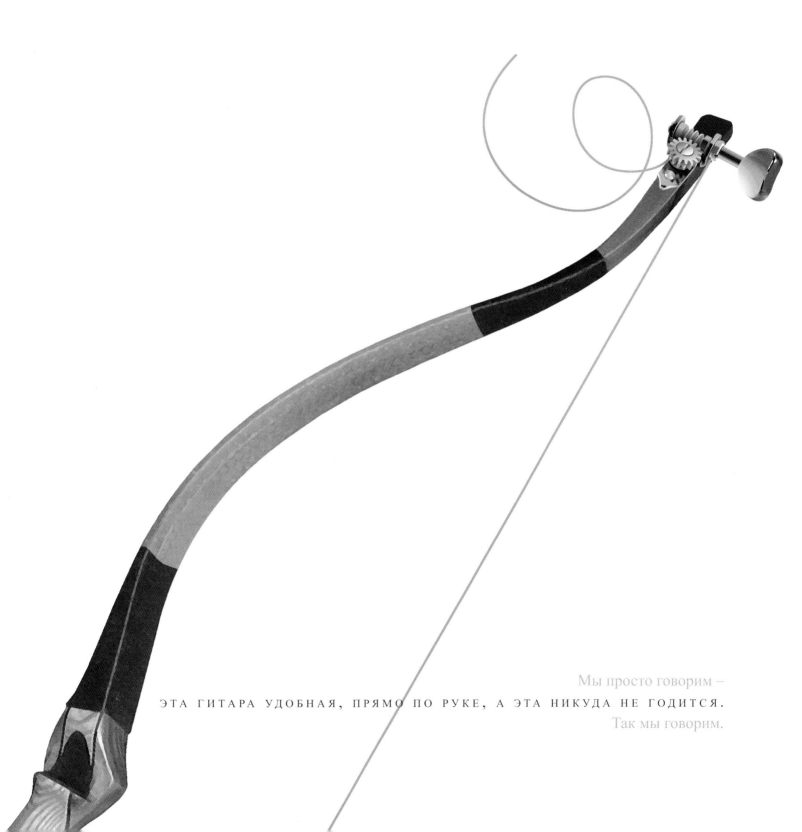

Мы просто говорим –
ЭТА ГИТАРА УДОБНАЯ, ПРЯМО ПО РУКЕ, А ЭТА НИКУДА НЕ ГОДИТСЯ.
Так мы говорим.

А через полгода мальчик уже что-то напевал себе под нос и уже не смотрел на гриф перед тем, как поменять аккорд, а ещё через полгода вокруг них уже собиралась компания, и мальчик пел, а гитара играла, и девочки смотрели на них неожиданно задумчивыми глазами.

Конечно, смотрели они на мальчика, но гитаре казалось – на них обоих.

«Мы – одно целое!» – с гордостью думала она. Так она думала.

Мальчик быстро рос, и гитара становилась всё меньше и меньше – когда каждый день вместе, этого не замечаешь.

И вот однажды он прибежал домой возбуждённый и счастливый. В руке он держал длинный чёрный чемодан. Даже не сняв пальто, он раскрыл чемодан, и оттуда ощерилась, сверкая чёрным лаком и хромом, электрогитара. Электрогитара была плоская, с острыми рогами и напоминала то ли космический истребитель, то ли хищную рыбу.

Мальчик осторожно вынул электрогитару из чехла, тихонько побренькал по струнам – сверкающая гадина отвечала ему шёпотом, ничего не было слышно, и гитара даже успела подумать: надо же, всё в красоту ушло! Но мальчик размотал какой-то провод, воткнул его в тумбочку, стоявшую в углу, на тумбочке загорелась красная лампочка, и вдруг комната наполнилась невероятными, оглушительными звуками!

Электрогитара ревела самолётом, пела скрипкой, звенела колоколами!

Конечно, звуки издавала не она, а тумбочка с красной лампочкой – она называлась «усилитель», – но вид у этой самодовольной дуры был такой, как будто усилитель тут вообще ни при чём.

Мальчик не выпускал её из рук несколько дней.

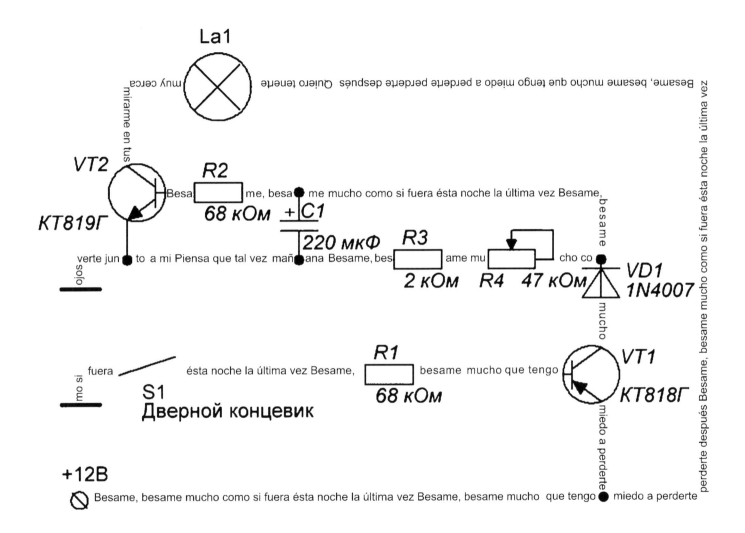

La1

muy cerca

mirarme en tus

VT2

КТ819Г

Besa me, besa me mucho como si fuera ésta noche la última vez Besame,

R2

68 кОм

+ **C1**

220 мкФ

R3

ame mu

cho co

R4

2 кОм

47 кОм

VD1
1N4007

besame

mucho

verte jun to a mi Piensa que tal vez mañ ana Besame, bes

ojos

mo si fuera

ésta noche la última vez Besame,

R1

besame mucho que tengo

VT1

КТ818Г

S1
Дверной концевик

68 кОм

miedo a perderte

+12В

Besame, besame mucho como si fuera ésta noche la última vez Besame, besame mucho que tengo miedo a perderte

perderte después Besame, besame mucho como si fuera ésta noche la última vez

Besame, besame mucho que tengo miedo a perderte perderte después Quiero tenerte

Гитара очень расстроилась.

КОГДА ГИТАРУ ПЕРЕСТАЮТ БРАТЬ В РУКИ, ОНА ВСЕГДА РАССТРАИВАЕТСЯ.
Нет, мальчик ещё вспоминал про неё, настраивал, рассеянно брал несколько аккордов
и ставил в угол. И гитара снова расстраивалась.

А потом мальчик со своей электрической подругой стал надолго исчезать из дома,
это называлось «гастроли». Что оставалось делать? Считать дни.

Однажды после гастролей у мальчика собрались гости – такое теперь часто случалось.
Мальчик был уже совсем не мальчик – мальчиком он оставался только для гитары,
пылившейся в углу. Она сильно постарела, лак на её деке пошёл мелкими трещинками,
время для неё остановилось. Гости, как обычно, пили вино, громко разговаривали.

Гитара не прислушивалась к их разговорам – выпив, гости всегда говорили одновременно,
и что-то понять всё равно было невозможно.

Вдруг чья-то рука взяла гитару за гриф, вытащила на свет. Незнакомый парень сдул с неё пыль,
пощипал расстроенные струны. «Да забирай на здоровье!» – услышала она голос мальчика.

А потом она ехала на заднем сиденье в тёмной машине неизвестно к кому, неизвестно куда.
«Ну и пусть!» – думала гитара. А что она могла ещё думать?

В новом доме гитару повесили на стену – слева и справа от неё висели то ли фотографии,
то ли картины в рамах; попробуйте, вися на стене, разглядеть, что там висит справа и слева от вас.
Поверьте мне, это совершенно невозможно. Играть на гитаре никто не собирался.

Иногда уборщица, наводя порядок в доме, отряхивала её палочкой с пушистыми перьями на конце.
Это было щекотно, но не более того. Теперь гитара почти всё время спала – происходящее вокруг
ей было неинтересно. Просыпалась она только, когда новый хозяин, пробегая мимо,
наугад проводил пальцами по её струнам. От этого она всегда вздрагивала, а потом засыпала вновь.
Что ей тогда снилось? И сколько прошло лет – двадцать, тридцать? Мы не знаем.

«Да не может быть! Ты шутишь? Это действительно она? Да, смотри-ка, это она…»
Гитара с трудом открыла глаза – на неё смотрел её мальчик. Лицо его покрылось морщинами,
волосы поседели, но гитара узнала бы его из тысячи седых мужчин.

Рядом с ним стояла немолодая красивая женщина и держала за руку
того самого мальчика, который много лет назад увидел гитару в музыкальном магазине.
Сзади довольно улыбался хозяин дома.

«Можно?» И гитара почувствовала, как знакомые руки снимают её со стены, осторожно
подтягивают колки, как родные пальцы касаются струн.

И она запела в ответ.

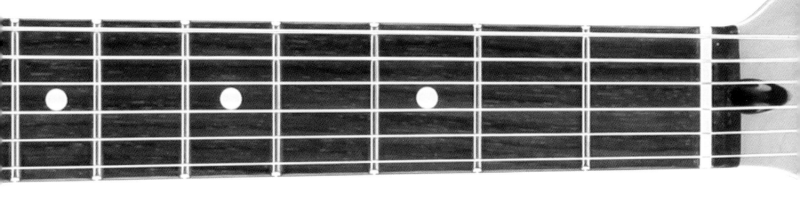

УДК 821.161.1

ББК 84(2Рос=Рус)6-4

   М15

Художник В. Цеслер

Макаревич, А.

М15   Неволшебные сказки / Андрей Макаревич ; [худ. В. Цеслер]. — М. : РИПОЛ классик, 2013. — 168 с. : ил.

Литературно-художественное издание

Н Е В О Л Ш Е Б Н Ы Е   С К А З К И

Макаревич Андрей

Директор редакции *Т. Мантула*

Шеф-редактор *Т. Т. Мантула*

Выпускающий редактор *Л. Данкова*

Дизайн и компьютерная вёрстка: *Л. Петроченко*

Корректор *О. Круподер*

Подписано в печать 25.07.2013 г.

Формат 220х220. Гарнитура «Times New Roman». Усл. печ. л. 23,0

Тираж 3000 экз.

Заказ № 103917

Адрес электронной почты: info@ripol.ru   Сайт в Интернете: www.ripol.ru

ООО Группа Компаний «РИПОЛ классик»

109147, г. Москва, ул. Большая Андроньевская, д. 23

Отпечатано: SIA «Preses nams Baltic»,

«Янсили», Силакрогс, Ропажский район

Латвия, LV-2133

www.pnbprint.lv